DOS NOVELAS PICARESCAS

Especially adapted
for intermediate students

William T. Tardy

Mc Graw Hill **Glencoe**

New York, New York   Columbus, Ohio   Chicago, Illinois   Peoria, Illinois   Woodland Hills, California

 Glencoe

The *McGraw-Hill* Companies

Formerly published by National Textbook Company.
a division of NTC / Contemporary Publishing Group. Inc.

Send all Inquiries to:
Glencoe/McGraw-Hill
8787 Orion Place
Columbus, OH 43240

ISBN : 0-8442-7303-1
Printed in the United States of America
3 4 5 6 7 8 9 10 11 045 08 07 06 05 04 03

Preface

The picaresque novel was born as a literary genre in Spain in 1554, with the publication of *Vida de Lazarillo de Tormes y de sus fortunas y adversidades*, and flourished from that time through the eighteenth century. It was a medium for social and political satire and presented a view of society from the point of view of the poor and unfortunate. The main character, the *pícaro*, is usually a poor young man who seeks to escape his dire poverty by serving a series of masters. The authors of many of these *novelas picarescas* tended to remain anonymous.

The two novels condensed and adapted into this text, *Lazarillo de Tormes* and *Gil Blas de Santillana*, are among the most famous examples of the picaresque style. As such, they are an excellent introduction to Spanish literature for intermediate language students. In these adapted versions, difficult or unusual grammar structures have been avoided and archaic language has been modernized. To facilitate reading comprehension, the more difficult vocabulary has been side glossed. Whenever possible, these side glosses are entirely in Spanish.

Lazarillo, the roguish but lovable protagonist of the first picaresque novel, narrates a series of his own strange adventures as the servant of a blind man, a priest, and a squire. With all his masters, Lazarillo encounters hunger and poverty. Throughout the novel, his misfortunes are used to paint a satirical picture of sixteenth-century Spain.

The protagonist of *Gil Blas* is on his way to study at the University of Salamanca, when he is captured by a band of thieves. After this initial mishap, Gil Blas goes on to have adventures throughout Spain, and with members of various classes of society. Although the novel was written in French by Alain-René Lesage in 1715, it was later translated into Spanish by the Jesuit scholar José Francisco de Isla.

The two works in *Dos novelas picarescas* will provide students with hours of reading pleasure and impart valuable language practice. Both of these novels offer a searching glimpse into human nature, as well as a captivating look into Spain's fascinating past.

El Lazaríllo de Tormes

author unknown

La familia del Lazarillo

El héroe de estas aventuras nació en un pueblo de la provincia de Salamanca en España un poco después del descubrimiento de América.

Carlos V era emperador de España. Era uno de los emperadores más poderosos que han vivido, y España era la nación más poderosa del mundo. Sus navegantes habían descubierto el Nuevo Mundo, y sus soldados estaban peleando en Europa, en Africa, y en América.

Aunque aquellos tiempos eran los más famosos de la historia de España, el país no era rico, porque perdió el mejor de sus tesoros, que es el hombre. Pocos de los hombres que fueron a pelear en la América, en Europa, o en Africa volvieron a España.

Por eso, en la época de tanto esplendor para las armas españolas había pobreza y miserias en España.

Los padres del Lazarillo se llamaron Tomé González y Antoña Pérez. Como el Lazarillo nació cerca del río Tormes, tomó el nombre del Lazarillo de Tormes cuando fue al mundo en busca de aventuras.

Cuando el Lazarillo era todavía muy joven, su padre fue puesto en la cárcel. Un poco más tarde el gobierno le dio la libertad para ir a la guerra y pelear contra los moros. El padre murió en la guerra, y la madre del Lazarillo tuvo que buscarse la vida para sí misma y su niño. *cárcel: prisión*

Antoña fue a trabajar en la ciudad de Salamanca, en la cual estaba la Universidad de Salamanca, que en el siglo XVI era la más famosa universidad del mundo.

Antoña alquiló una casa y tomó de huéspedes a varios estudiantes, que le pagaban mal, porque los estudiantes nunca han tenido mucho dinero. La madre del Lazarillo se ganaba tan poco que decidió casarse otra vez. Se casó con un negro que se llamaba Zayde. Dentro de poco el Lazarillo tuvo un hermanito mulato. *alquiló: (rented)*

Pero Zayde se ganaba mucho dinero y ahora el Lazarillo era contento y quería a Zayde y a su hermanito el mulato.

El empleo del Lazarillo

Después de pocos años de esta vida contenta, el negro Zayde perdió todo su dinero y se fue de su familia. Nunca volvió.

Entonces empezaron para la familia los días tristes, porque no entró ya más dinero en casa.

Antoña, la madre del Lazarillo, obtuvo un puesto de criada en un mesón; pero se ganaba tan poco dinero que tuvo que encontrar otro puesto para su niño. *mesón: albergue, hotel*

Un viejo ciego que estaba por unos días en el mesón dijo a Antoña que él quería tener el niño como su guía.

La pobre madre consintió y pronto después el ciego se fue del mesón con su guía. Así empezaron las aventuras de las que el Lazarillo iba a ser famoso.

El ciego era hombre muy inteligente. Conocía remedios para todas clases de enfermedades; sabía rezar en actitud muy humilde y devota; pero sobre todo, sabía explotar la superstición de todo el mundo.

Aunque se ganaba bastante dinero, el ciego era muy avaro y nunca daba al Lazarillo a comer otra cosa que un mal mendrugo.

avaro: (miserly)
mendrugo: pedazo de pan duro
fardel: (bag)

El ciego tenía la costumbre de poner en un fardel todas las cosas de comer que las personas buenas le daban. Para comer bastante, el Lazarillo tenía que robar alimentos del fardel.

Le gustaba al Lazarillo el vino, pero también tenía que robarlo a su amo. Una vez cuando el Lazarillo estaba tomando una bebida de vino, su amo le descubrió en el acto y le dio un golpe tan brutal en la cabeza que el Lazarillo perdió el sentido. El pobre Lazarillo estuvo enfermo algunos días a consecuencia del golpe que el ciego le dio.

El niño empezó a tener mucho miedo a su amo y a odiarle mucho, sobre todo porque el ciego le pegaba sin razón.

La aventura de las uvas

El Lazarillo y su amo iban de pueblo en pueblo en busca de alimento y dinero.

Llegaron a un pueblo llamado Almoroz, cerca de la ciudad de Toledo, donde un hombre dio un racimo de uvas al Lazarillo. El ciego y su guía se sentaron bajo un árbol para comer las uvas.

racimo: grupo

—Ahora quiero ser generoso—dijo el ciego.—Tú picarás una vez y yo otra, tomando una uva cada vez.

picarás: tomarás
engañar: (deceive)

El Lazarillo no pensó, en esta ocasión, engañar a su amo; pero el ciego empezó a picar las uvas de dos en dos. Por eso el Lazarillo empezó a picar las uvas de tres en tres.

Después de comer los dos el racimo, el ciego dijo:

—Lazarillo, me has engañado. Tú has comido las uvas de tres en tres.

—¿Por qué sospecha Ud. a mí?—preguntó el Lazarillo.

—No es sospecha —respondió el ciego.—Yo comía las uvas de dos en dos y tú no dijiste nada. Estoy seguro de que me has engañado.

Ahora el Lazarillo sabía mejor que nunca que su amo era muy inteligente.

Una noche mientras los dos estaban haciendo preparativos para comer en un mesón, el ciego se enfadó de una treta del Lazarillo y casi le mató de golpes. *se enfadó: se puso furioso* *treta: (trick, deceit)*

Ahora el Lazarillo tenía tanto miedo a su amo que durante la noche se fue del mesón y tomó el camino de Torrijos, un pueblo pequeño.

No supo más lo que Dios hizo del ciego, ni trató de saberlo.

Lazarillo halla otro amo

El Lazarillo de Tormes no encontró empleo alguno en Torrijos. Pedía limosna de puerta en puerta, y aunque le daban poco, era bastante para comer mal y la esperanza de mejores días.

Por fin, llamó a la puerta de la casa de un cura, pidiendo un mendrugo. El cura creyó ver en el Lazarillo un niño inteligente y le preguntó si sabía ayudar la misa. El Lazarillo respondió que sí, y el cura le tomó en su servicio.

Fue la desdicha del niño que, entre tantos curas generosos y santos que hay en el mundo, se encontró con un avaro. *desdicha: infelicidad*

El Lazarillo tenía que dormir sobre paja y el cura le daba de comer sólo un mendrugo, y, cada cuatro días, una cebolla. Después de algún tiempo, el niño quería salir de la casa en busca de otro empleo pero era tan débil que no podía. El chico se hizo la siguiente reflexión: *cebolla: (onion)*

—He tenido ya dos amos y si malo era el uno, peor es el otro. Pues si ahora busco un tercero, ¿quién sabe si yo no muera de hambre?

El arca del cura

El cura tenía una arca vieja que estaba siempre cerrada con llave. En el arca había muchos panes, pero el cura nunca dio ninguno de ellos al chico.

Un día cuando el cura no estaba en casa un hombre vendiendo llaves llamó a la puerta. El Lazarillo compró una llave al arca y no teniendo dinero, pagó por ella con uno de los panes que había en el arca.

Tanto era el entusiasmo del chico cuando vio que podía abrir el arca que se le pasó el apetito y aquel día no comió ningún pan.

A la mañana siguiente, cuando estuvo solo, abrió de nuevo el arca y comió uno de los panes.

El Lazarillo estaba feliz unos días porque ahora tenía mucho pan de comer, pero por fin el chico comió tanto que el cura empezó a creer que había un ladrón en casa.

Entonces el niño no comió más panes durante varios días hasta que tuvo una idea brillante.

—El arca es vieja, grande, y tiene algunos agujeros —dijo a sí mismo.—No sería cosa extraña si ratones entraran aquí y comieran los panes.

agujeros: aberturas más o menos redondas (holes)

El chico desmigajó algunos panes y comió todo lo que quería.

desmigajó: (crumbled)

Aquella noche cuando el cura abrió el arca se quedó espantado a la vista de los estragos en los panes.

estragos: daño (damage)

—¡Lazarillo!—dijo, —sin duda somos víctimas de una terrible persecución.

—¿Cómo?—preguntó el chico.

—Los ratones comen nuestro pan—respondió el cura avaro.

El cura y la serpiente

Como el Lazarillo temía, el cura estudió un método de evitar el paso de los ratones al arca. Encontró unas tablillas y las clavó sobre los agujeros, de tal manera que no quedaba agujero alguno abierto.

tablillas: pequeñas piezas de madera

Cuando el cura salió de la casa el día siguiente, el Lazarillo fue a ver el arca. Tan perfectamente reparada estaba que ni un mosquito podía entrar en ella.

Volvieron, como es natural, los días tristes de poco pan y mucha hambre. El Lazarillo sufrió bastante.

Una noche el chico sufrió tanto del hambre que determinó tomar más pan del arca. Mientras dormía su amo, el Lazarillo fue a la cocina, donde obtuvo un cuchillo. Entonces fue al cuarto del arca e hizo un agujero grande en el arca. Abrió el arca con su llave, se desmigajó un pan, comió la mayor parte de él, y volvió a su cama de paja.

El cura vio, al día siguiente, la falta de pan y el agujero hecho en el arca. Tapó con otra tablilla el agujero nuevo, pero, por la noche, el Lazarillo abrió otro y otro. Esto continuó durante varios días y noches. *tapó: cubrió*

Por fin el cura, desesperado, obtuvo una ratonera de un vecino y la puso con queso cerca del arca. Aquella noche el Lazarillo comió el pan y el queso. *ratonera: trampa para cazar ratones*

El cura se volvió loco, viendo que no podía cazar los ratones y que ya le quedó muy poco pan en el arca.

Explicó el caso a sus vecinos y uno de ellos dijo que debía estar una serpiente y no ratones en la casa. El cura se alarmó mucho y ya no durmió tan tranquilo. Siempre tenía un garrote al lado de su cama con que matar la serpiente. *garrote: palo grueso (club)*

Una noche el cura oyó un ruido en la paja donde dormía el Lazarillo. Creyó que la serpiente estaba en la paja y dio un golpe terrible con el garrote sobre la cabeza del chico.

El Lazarillo fue mal herido y el cura descubrió la llave del arca y la treta usada por el chico.

El niño estuvo tan mal herido que tuvo que quedarse en cama dos semanas. Al fin de las dos semanas el cura le dijo que ya no necesitaba sus servicios y que tenía que salir de su casa y de su empleo.

El escudero pobre

El Lazarillo fue de pueblo en pueblo, siempre pidiendo un mendrugo de pan. Por fin llegó a la ciudad de Toledo.

Iba por las calles de ésta cuando se encontró con un escudero que se daba importancia como un gran señor. *escudero: paje que acompañaba a un caballero; (squire)*

Al ver al Lazarillo el escudero le preguntó:

—Muchacho, ¿quieres amo?

—Sí, quiero uno pero no puedo encontrar ninguno — respondió el chico.

—Pues, yo te tomo a mi servicio y no hay mejor amo en el mundo—dijo el escudero.

El Lazarillo estuvo muy contento con su empleo y fue con su nuevo amo.

Era de mañana, y pasaron por muchas calles y plazas. En varios lugares el Lazarillo vio a los comerciantes vendiendo pan, carne, y otras viandas. Tenía la esperanza que su nuevo amo comprara algunas viandas, pues era la hora de comprar las provisiones para el día; pero el escudero continuó sin comprar nada.

viandas: comida; algo de comer

—¡Bah!—pensó el Lazarillo. —Es que no le gustan. Pronto va a comprar cosas mejores en otra parte.

Pero el escudero no compró nada.

Era la una de la tarde cuando llegaron a la casa del escudero. El escudero abrió la puerta con una llave grande, y los dos entraron. Allí no había ni sillas, ni mesas, ni arcas, ni nada.

El escudero dijo:

—Muchacho, ¿tienes hambre?

—Sí, señor—respondió el Lazarillo. —No eran todavía las ocho de la mañana cuando Ud. me dio mi empleo.

—Pues, aunque era muy temprano de mañana, yo había almorzado ya—dijo el escudero,—y ahora no tengo hambre. Por eso no comeremos hasta la noche.

El Lazarillo estaba muy débil a causa del hambre que tenía. Le parecía que nunca iba a comer otra vez.

Vuelve el hambre

El escudero y el Lazarillo se pasaron la tarde hablando, y cuando llegó la noche, dijo el escudero:

—Querido Lazarillo, hemos pasado el tiempo en amable conversación y no hemos hecho memoria de la cena. La noche ha llegado y no tenemos provisiones. De aquí a la plaza hay una gran distancia y hay muchos ladrones en la ciudad. Por eso no debemos salir de la casa para buscar provisiones esta noche.

—¡Qué mala suerte tengo siempre! —pensó el chico.

Así los dos se acostaron aquella noche sin comer. Su cama consistía en un cañizo puesto sobre unos viejos bancos. Sobre el cañizo estaba un colchón duro y negro.

cañizo: (cane framework)

colchón: (mattress)

El escudero y su criado se acostaron en esta cama miserable. Pasaron muy mala noche, primero porque tenían hambre y, también, porque la cama era tan dura.

Al día siguiente amo y criado se levantaron muy temprano. Como todavía no había provisiones en casa, no se desayunaron. Después de vestirse y ceñirse la espada el escudero dijo que iba a oír misa y que el Lazarillo debía quedarse en casa.

ceñirse la espada: (girding his sword)

El Lazarillo no quería pasar todo el día en casa. Por eso, cogió el jarro y fue a llenarlo al río Tajo.

El escudero y las dos señoritas

Cuando el Lazarillo llegó al Tajo vio a muchas personas paseándose por la orilla del río. Entre ellas el chico vio a su amo que cortejaba a dos bonitas muchachas.

cortejaba: (was flirting with)

El escudero dijo que estaba enamorado de las dos señoritas, todo esto sólo por darse importancia de señor galante y rico. Por fin, una de las muchachas le dijo:

—Señor, si Ud. está tan enamorado de nosotras, ¿por qué no nos da una prueba de su amor? Invítenos a almorzar, que aquí hay cafés buenos.

El escudero perdió el color cuando oyó esto, pues no tenía dinero. Trató de excusarse, y viendo que sus excusas eran celebradas por las dos jóvenes con grandes risas, escapó de ellas lo más pronto posible.

El Lazarillo había visto esto desde un huerto sin ser visto de su amo. El chico comió alguna verdura en el huerto, pues tenía mucha hambre y no había más de comer.

Por fin volvió a casa, pensando:

—Este pobre amo mío es todavía más desdichado que yo, porque yo no soy presuntuoso.

desdichado: infeliz

presuntuoso: (proud, vain)

scudero usaba un palillo de dientes como si hubiera acabado con norme banquete.

Su amo no llegó a casa durante la tarde y el chico volvió a la triste ocupación de pedir pan por las calles de Toledo. Después de dos horas de pasear por las calles el Lazarillo obtuvo cuatro libras de pan viejo, un poco de uña de vaca, y unas pocas tripas cocidas.

uña de vaca: (soft portion of a cow's foot)

Volvió a casa a las cuatro de la tarde, y vio que estaba esperándole su amo.

tripas: (tripe)

El Lazarillo mantiene a su amo

El Lazarillo se sentó sobre un banco y empezó a comer las viandas con la buena disposición que le era peculiar.

Mientras tanto, el escudero estaba paseándose por el patio, mirando las viandas del chico. El Lazarillo no se atrevió a ofrecer de comer a su amo porque sabía que era muy orgulloso, pero por fin el escudero no pudo contenerse.

—¿Uña de vaca es lo que comes? —preguntó el escudero a su criado.

—Sí, señor—respondió el chico.

—Pues, no hay mejor alimento en el mundo. Vamos a ver si esta uña es buena.

El criado le dio un pedazo de uña y parte de su pan.

—¡Magnífico! ¡Este es un banquete de rey! —exclamó el escudero.

Después de comer todas las viandas los dos se acostaron y durmieron mucho mejor que la noche anterior, porque ya no tenían hambre.

Durante los días siguientes el Lazarillo pedía pan por las calles de Toledo para mantener a su amo y a sí mismo.

El Lazarillo y el entierro

Una tarde el escudero llegó a casa con un real en la mano. Era muy alegre y dijo al muchacho:

real: una moneda que vale unos cinco centavos

—Toma este real, Lazarillo, y compra pan, vino, y carne en la plaza. Este es día de fiesta para nosotros.

El Lazarillo tomó el dinero y empezó a correr en la dirección de la plaza.

En la calle el chico se encontró con un entierro. Iban

entierro: la acción de enterrar, o de poner un cuerpo en el sepulcro (funeral)

delante de la procesión varios curas, y después el
muerto, que cuatro hombres llevaban en unas andas.
Inmediatamente detrás del muerto la viuda, vestida
de luto, lloraba sus desdichas y tenía en alto los brazos
para demostrar su desesperación. Había otras mujeres,
todas vestidas de luto también. El Lazarillo oyó a la
viuda exclamando:

andas: (stretchers)

—¡Mi esposo y señor! ¿A dónde te llevan? ¿A la
casa oscura y triste? ¿A la casa donde nunca comen
ni beben?

Un terror horrible le entró al Lazarillo cuando oyó
esto, porque creyó que era a su casa adonde llevaban
el muerto. Volvió sobre sus pasos y se entró como loco
en la casa, para correr adonde estaba el escudero.

—¡Defienda Ud. a la puerta! —gritó el muchacho.
— ¡Quieren poner un muerto en nuestra casa!

—¿Qué pasa, chico? —preguntó el escudero.

—En la calle hay un entierro, y detrás del muerto
hay una mujer exclamando: "¡Mi esposo y señor! ¿A
dónde te llevan? ¿A la casa oscura y triste? ¿A la casa
donde nunca comen ni beben?" No hay duda que
quieren poner un muerto en esta casa.

El escudero empezó a reir y pronto el entierro pasó
sin entrar en la casa, pero el chico todavía tenía mucho
miedo.

Un poco más tarde el Lazarillo fue a la plaza e hizo
el milagro de comprar pan, carne, y vino con tan poco
dinero. Aquella noche amo y criado tuvieron un verdadero banquete.

El escudero se va

Un día el escudero y el Lazarillo estaban hablando
en la casa cuando entraron un hombre y una mujer,
pidiendo a grandes voces cierto dinero que el escudero
les debía. El hombre era el amo de la casa y la mujer
era la dueña de la cama donde dormían el chico y su
amo.

El escudero preguntó:

—¿Qué pasa? ¿Qué voces son ésas? ¿Es así como se
entra en la casa de un escudero noble?

—¡Queremos nuestro dinero! —gritaron el hombre y la mujer.

—¿Cuánto les debo? —preguntó el escudero.

—A mí, diez reales por la casa—respondió el hombre.

—Y a mí tres por la cama—dijo la mujer.

—Bien, en total, trece reales—dijo el escudero.

—Voy a pagarles tan pronto como pueda cambiar una moneda de oro. Espérenme aquí un momento.

El escudero se fue por la puerta de la calle. No volvieron a verle más los tres que le esperaban en la casa.

El Lazarillo tuvo que buscarse otro empleo.

El Doctor Cúralotodo

Un fraile fue el amo número cuatro del Lazarillo de Tormes. El fraile era hombre bondadoso, pero demasiado ocupado en los asuntos de la ciudad, que le obligaban estar todo el día corriendo por las calles de Toledo.

Aunque su nuevo amo tenía buen corazón y trataba al muchacho mejor que le habían tratado el ciego, el cura, y el escudero, no estuvo con él sino muy pocos meses.

El fraile compró para el Lazarillo unos zapatos, los primeros que el chico había tenido, pero no duraron ni una semana, tanto era lo que tenía que caminar el Lazarillo.

Cierta vez que el fraile y su criado habían caminado diez horas, el chico cayó en la calle y, contra sus deseos, no pudo caminar más. Por eso el Lazarillo empezó a buscar otro amo.

Su nuevo amo era hombre muy hablador y practicaba el arte de curar. Era conocido en Toledo y su provincia por el Doctor Cúralotodo. No era médico sino un gran engañador.

engañador: el que engaña (deceiver)

No paraba en ningún pueblo más de dos semanas. Vendía un específico de su propia invención que— según lo que él mismo decía—curaba toda clase de enfermedades.

Lazarillo vive bien

Le dolía la conciencia al Lazarillo de ver como el falso doctor se quedaba con el dinero de las buenas personas que a él venían en busca de un remedio para sus enfermedades. El chico sabía muy bien que el licor inventado por su amo no curaba nada.

El Lazarillo ahora vivía bien por primera vez en su vida. Tenía ropa buena, comía en un mesón como un señor, y su trabajo no era duro: era el de tener siempre muy limpia la ropa del doctor; ayudarle a vestirse y desnudarse, acompañarle a vender su famoso remedio por las calles; llevar regalos a los alguaciles; y llenar con agua del Tajo, que después tenía su amo con jarabe de cerezas, las botellas del licor.

alguaciles: (bailiffs)

teñía: (colored)

jarabe: bebida dulce medicinal (syrup)

La fama del Doctor Cúralotodo extendió por toda la provincia y todos los días venían enfermos de los pueblos pequeños en demanda del famoso licor. El doctor ganaba mucho dinero y el Lazarillo vivía muy bien, pero después de cuatro meses al servicio del falso doctor, el chico resolvió ganarse la vida más honradamente. Así dejó a su amo para entrar en el servicio de un hombre que pintaba panderos, pero el Lazarillo recibió tan mal tratamiento del nuevo amo que dejó su servicio después de poco.

panderos: instrumentos de percusión (tambourines)

La felicidad del Lazarillo

Cuando dejó el empleo del hombre que pintaba panderos, el Lazarillo se empleó como aguador. Este empleo le daba para comer y le permitía vivir con cierta independencia.

aguador: persona que lleva o vende agua

Tenía un burro, cuatro grandes cántaros, y un azote. Con los cántaros de agua sobre el burro andaba por las calles gritando.

cántaros: jarras grandes

azote: (whip)

—¡Agua fresca! ¿Quién la quiere?

Al fin de cuatro años durante los cuales la vida del aguador pasó sin aventuras, el Lazarillo tenía bastante dinero para equiparse de ropa y comprar una espada. Era ya un hombre y quería vestirse como los hombres.

equiparse: proveerse

El Lazarillo dejó el burro y los cántaros para salir, otra vez, en busca de aventuras.

Empezó a trabajar para un alguacil, y creía que iba a servir a la justicia. Pero la justicia, en Toledo como en toda España, no estaba en aquellos tiempos tan buena como corresponde a tan respetable misión.

Por esto, se separó del alguacil y se empleó como pregonero.

pregonero: (town crier)

Este fue el último empleo del Lazarillo, pues tuvo esta profesión hasta el fin de su vida.

Pregonaba las noticias del día, los vinos que se vendían en Toledo, los delitos de los criminales, y los objetos que los habitantes de Toledo perdían.

En este empleo ganaba bastante dinero para casarse. Buscó esposa, que encontró muy a su gusto, se casó con ella, y empezó a trabajar con más determinación que nunca.

Así el Lazarillo de Tormes llegó a ser feliz, amado de su esposa y sus amigos, y respetado de todos por su noble corazón.

FIN

Las aventuras de Gil Blas de Santillana

por Alain-René Lesage

Gil Blas sale para Salamanca

Gil Blas nació en Santillana, España, de padres de condición humilde. Su padre era soldado y su madre aldeana. El servía de escudero y ella de ama de casa.

aldeana: de un pueblo

Como ni el padre ni la madre tenían más bienes de fortuna que el pequeño salario que ganaban, la educación de su hijo Gil Blas corría gran riesgo de no ser muy buena. Pero sucedió que un tío del muchacho, canónigo de la catedral de Oviedo, llevó a su casa a Gil Blas para darle educación.

riesgo: peligro

canónigo: oficial de la iglesia

Gil Blas se mostró tan inteligente que su tío le enseñó a leer y después le puso por profesor al doctor Godínez, el más sabio profesor que había en Oviedo, que le instruyó en las lenguas griega y latina. También le inició en la lógica, enseñándole a discutir sin término.

Y así se aficionó Gil Blas a las disputas, tanto que iba por la calle deteniendo a cuantos encontraba, conocidos o desconocidos, sólo para proponerles cuestiones y argumentos.

15

Con esto Gil Blas se hizo fama de sabio en toda la ciudad y por eso su tío le dijo cierto día:

—Oye, Gil Blas; has cumplido los diez y siete años. Para cultivar tu talento debes ir a la Universidad de Salamanca, donde con tu talento encontrarás algún buen empleo. Para el viaje te daré algún dinero y la mula, que vale diez o doce doblones y que puedes vender en Salamanca para mantenerte con el dinero que te den por ella hasta que logres una colocación.

doblones: monedas de oro que valen más o menos $1,40 cada uno

colocación: empleo

A Gil Blas, que era inquieto y amigo de ver el mundo, le llenó de gozo esta proposición.

Antes de montar en la mula que debía llevarle a la Universidad de Salamanca, Gil Blas fue a abrazar a sus padres. Recibió de ellos muchas bendiciones y aun más consejos, que era esto lo único que le podían dar.

Después de lo cual Gil Blas montó en su mula y salió de Oviedo.

La primera aventura de Gil Blas

Al hallarse Gil Blas en camino de Peñaflor, dueño de una mala mula y de cuarenta buenos ducados, le pareció ser el rey del mundo.

ducados: monedas que valen más o menos un dólar

A cada momento sacaba el dinero de su faltriquera para contarlo dentro de su sombrero. En esto estaba cuando, de pronto, la mula alzó las orejas y se paró en medio del camino. Al mismo tiempo Gil Blas oyó una voz lastimera que pronunciaba estas palabras:

faltriquera: bolsillo

alzó: levantó

—¡Tenga piedad, señor pasajero, de este pobre soldado estropeado, y sírvase echar algunos reales en este sombrero, que Dios se lo pagará en el otro mundo!

estropeado: pobre, maltratado
reales: monedas que valen unos cinco centavos

Gil Blas se volvió hacia el sitio de donde salía la voz, y vio al pie de un matorral, a veinte o treinta pasos de su persona, una especie de soldado que, sobre dos palos cruzados, apoyaba la boca de una escopeta que al estudiante le pareció más larga que una lanza, y con la cual le apuntaba a la cabeza.

matorral: (thicket)

escopeta: arma de fuego

Temblando, Gil Blas dio por perdidos sus ducados y guardando disimuladamente algunos en su faltriquera, echó uno a uno los demás en el sombrero del falso mendigo que con tan contundentes argumentos se los pedía.

disimuladamente: sin que lo observe el ladrón

contundentes: convincentes, persuasivos

Después, deseando alejarse cuanto antes de aquella encrucijada peligrosa, dio unos cuantos poderosos espolazos a la mula para que marchase de prisa. Pero la mula había estado tanto tiempo en el servicio del canónigo que se había olvidado para siempre de lo que era el galope.

alejarse: apartarse, irse

espolazos: golpes con la espuela (spur)

Gil Blas pierde su mula

Después de su encuentro con el bandido, Gil Blas tenía necesidad de aumentar su caudal. Por eso determinó vender la mula en Peñaflor, que era el primer lugar a que debía llegar. Aunque el muchacho no había salido nunca de Oviedo, tuvo buen cuidado de informarse antes de ponerse en camino, de todos los nombres de los lugares por donde debía pasar.

caudal: cantidad de dinero

Felizmente Gil Blas llegó a Peñaflor y se paró a la puerta del mesón que le pareció de más bella apariencia.

Allí salió a recibirle un mesonero, hombre de largas palabras y profundas cortesías, que quiso informarse detenidamente de quién era el muchacho, de dónde venía, y adónde iba.

mesonero: dueño del mesón, u hotel

detenidamente: con detalle

Enterado de que al mozo le convenía vender la mula, no tuvo inconveniente en ir él mismo en busca de un chalán que podría comprársela, y cuya honradez no se cansaba de alabar.

chalán: (horse trader)

Cuando el chalán llegó al mesón los tres fueron al corral adonde habían llevado la mula. El chalán la examinó con gran atención de cabeza a cola y le puso mil faltas. Tantos defectos le puso el chalán, y tanto en la justicia de ellos le apoyó el mesonero, que el pobre Gil Blas se sentía de veras avergonzado del animal que le había regalado su tío el canónigo. Al fin:

se sentía . . . avergonzado: tenía vergüenza

—¿Cuánto pide usted por su mula?— preguntó el chalán.

Después de haberla oído despreciar de aquel modo, Gil Blas no se atrevió a pedir precio por ella sino que dijo al chalán que le diese lo que estimara que era de conciencia.

Con lo que el chalán, que no deseaba otra cosa, en vez de los diez o doce doblones en que el buen canónigo había valuado al animal, no se avergonzó de tasarla en tres ducados, que entregó a Gil Blas y que éste recibió tan alegre como si hubiera ganado mucho en aquel trato.

tasarla: valuarla

Después de haberse deshecho tan ventajosamente de la mula que en aquellos momentos representaba toda su fortuna, Gil Blas pidió de cenar.

Falsas alabanzas

Mientras Gil Blas cenaba un caballero de unos treinta años, que anteriormente había estado hablando largo rato con el mesonero, y que llevaba un tremendo chafarote al costado, se acercó al viajero y le dijo con aire alegre y apresurado:

chafarote: (cutlass)

costado: lado

—Señor licenciado, acabo de saber que usted es el señor Gil Blas de Santillana, honra de Oviedo y antorcha de la Filosofía. ¿Es posible que sea usted el sapientísimo joven de ingenio sublime, cuya reputación es tan grande en todo el país?

antorcha: orgullo

sapientísimo: muy sabio, muy inteligente

Y volviéndose al mesonero y a la mesonera, gritaba:

—¡Vosotros no sabéis qué hombre tenéis en casa! ¡Esto es un tesoro! ¡Esto es la octava maravilla del mundo!

Y abrazaba estrechamente a Gil Blas sin dejarle pronunciar palabra.

Cuando Gil Blas pudo contestar, pues el caballero del chafarote le tenía tan apretado entre sus brazos que le quitaba la respiración, dijo muy extrañado:

—Nunca creí que mi nombre fuese conocido en Peñaflor.

—¿Qué, conocido? — repuso el caballero, persistiendo en sus exageraciones—. Usted es un gran personaje, un nunca visto prodigio, y a no dudar, dará a España tan grande gloria como a Grecia sus siete sabios.

Y diciendo esto, volvía a abrazarle, hasta dejarle molido.

Si Gil Blas hubiese tenido alguna experiencia del mundo, por poca que hubiese sido, no hubiera dejado de comprender que aquellas alabanzas inmoderadas sólo podían ser burla o conveniencia; pero los pocos años y la gran vanidad de Gil Blas le hicieron formar juicio bien distinto.

Una cena inolvidable

Gil Blas quedó tan agradecido de las alabanzas del desconocido que le convidó a cenar.

convidó: invitó

El caballero del chafarote aceptó haciendo algunos remilgos, y diciendo que no tenía gran apetito, pero que no quería desairar a persona tan extraordinaria, y, aun menos, privarse de la dicha del yantar en su compañía.

remilgos: gestos

desairar: pasar por alto

yantar: comer

Y diciendo esto, se arrojó sobre la tortilla que Gil Blas se disponía a comer, con tanto ahinco como si no hubiera comido en tres días. Como él sólo acabó pronto con la tortilla, hubo que mandar hacer otra que engulló con la misma prisa.

se arrojó: se lanzó, se echó

ahinco: deseo vehemente

engulló: comió, tragó

Al mismo tiempo, y sin dejar las alabanzas que Gil Blas, quien no comía, oía embelesado, el desconocido bebía frecuentemente, brindando por la salud de Gil Blas y de toda su familia.

embelesado: encantado

Terminadas las tortillas, Gil Blas, que no había probado bocado, preguntó al mesonero si tendría algún pescado.

El mesonero, que, sin duda, se entendía con el petardista, respondió:

petardista: engañador

—Tengo una excelente trucha; pero costará cara a los que la coman y me parece, para usted, bocado demasiado delicado.

El caballero sacó el chafarote y gritó:

—¿A qué llama usted "demasiado delicado"? ¡Traiga usted la trucha, cueste lo que cueste! ¡Ningún bocado es demasiado bueno para el señor Gil Blas de Santillana, que merece ser tratado como un príncipe!

Oyendo esto, Gil Blas, muy halagado, creyó que también debía ofenderse y dijo con enfado al mesonero:

halagado: adulado (praised)

—¡Traiga la trucha, y otra vez piense más lo que dice!

Una lección importante

El mesonero, que no deseaba otra cosa, hizo guisar la trucha y la puso en la mesa. A la vista del nuevo plato, brillaron de alegría los ojos del caballero, que se abalanzó a ella del mismo modo que había hecho con las tortillas, sin dejar que Gil Blas la probara siquiera.

Al fin, después de haber comido y bebido hasta más no poder, quiso poner fin a la comedia, y dijo al joven, al tiempo que se levantaba de la mesa:

—¡Oh, señor Gil Blas! Estoy tan contento de lo bien que usted me ha tratado, que no quiero dejarle sin haberle dado un buen consejo que me parece que le está haciendo bastante falta. Desconfíe de toda persona a quien no conozca, y no se deje engañar por falsas alabanzas. Puede encontrarse con otros que, como yo, quieran divertirse a costa de su credulidad y puede suceder que las cosas vayan más adelante. No sea usted su hazmerreír y no crea a quien le diga que es usted la octava maravilla del mundo.

credulidad: que cree todo lo que oye

hazmerreír: persona ridícula que sirve de juguete y diversión

Y diciendo esto, se rió, y le volvió la espalda.

No hay para qué decir que Gil Blas se quedó muy corrido. No pudo dormir en toda la noche, tan encendido en cólera estaba, y tan desesperado.

corrido: avergonzado

cólera: furia

Apenas había cerrado los ojos cuando entró el mesonero a despertarle, diciéndole que ya le aguardaba en el patio el arriero que había de hacer con él el camino.

arriero: (muleteer)

El mesonero traía la cuenta del gasto, en la que no se olvidaba de la cena doble y la trucha, que el muy perillán cobraba, según ya había anunciado, a peso de oro.

perillán: persona muy astuta

Más doloroso que el dinero que tuvo de aprontar, le fue a Gil Blas observar que, mientras él pagaba, el mesonero, recordando, sin duda, el chasco de la noche anterior, se reía, se reía de él. . . .

aprontar: entregar, o dar, inmediatamente

chasco: engaño

Un viaje interrumpido

Sucedió que con el arriero con quien iba Gil Blas, debían viajar, además, dos jóvenes de Peñaflor, un niño de coro de Mondoñedo, y una pareja de enamorados que acababan de contraer matrimonio.

En muy poco tiempo se hicieron amigos, y cada uno contó a los otros adónde iba y de dónde venía.

Pero resultó que el arriero era hombre de malas pulgas y, habiendo, sin duda, perdido una bolsa de cuero que llevaba con algún dinero, a los tres días de viaje, empezó en medio del camino a dar furiosas voces.

de malas pulgas: ill tempered

—¡Por vida de quien soy—gritaba—, que me han hurtado cien doblones que traía en una bolsa de cuero, y por fuerza han de parecer! ¡Ahora mismo me voy derecho al juez para que les dé tormento a Vds. hasta que se descubra al ladrón y se me restituya mi dinero!

hurtado: robado

Diciendo esto, partió para la villa más próxima dejando a los viajeros atónitos y mirándose los unos a los otros.

atónitos: sorprendidos

Porque todos sospechaban, unos de otros, y como todos eran unos simples que no sabían las formalidades que en tales casos han de preceder a la prueba del tormento, dieron la voz de "¡Sálvese quien pueda!", y antes que el arriero volviese con el juez, según había anunciado, todos huyeron.

En cuanto a Gil Blas, tal vez más atemorizado que los otros, salió prontamente al campo y llegó, por fin, a un lóbrego y espeso bosque.

atemorizado: con mucho miedo

lóbrego: oscuro

Iba a entrar en él para esconderse cuando se encontró con dos hombres a caballo que se pararon delante de él.

—¿Quién va?—le preguntaron. Y al mismo tiempo le ponía cada uno una gran pistola al pecho, intimándole, bajo pena de la vida, a que les dijese quién era y qué iba a hacer en aquel bosque.

La cueva escondida

Ante aquella contundente manera de preguntar, Gil Blas se vio obligado a responder que era un pobre estudiante de Oviedo que iba a concluir sus estudios en Salamanca.

Uno de los dos hombres le dijo:

—No tengas miedo, querido. Vente con nosotros y te pondremos en lugar seguro.

Y diciendo esto, le hizo montar a la grupa de su caballo, y los tres se metieron en el bosque.

Después de muchas vueltas y revueltas llegaron por fin al pie de una colina, donde se apearon.

—Aquí hemos de dormir—dijo uno de los caballeros.

Oyendo aquello, Gil Blas volvía los ojos a todas partes, sin ver casa, choza, ni cabaña, ni la más mínima señal de habitación, cuando los dos hombres alzaron una gran trampa de madera cubierta de tierra y de enramada, que ocultaba una larga entrada subterránea muy pendiente, por donde los caballos se dejaron resbalar como si estuvieran ya acostumbrados.

Los caballeros obligaron a Gil Blas a entrar con ellos, y después dejaron caer la trampa. Con lo que el digno sobrino del canónigo quedó allí metido como un ratón en una ratonera.

Entonces conoció entre qué clase de gentes se hallaba y empezó a temblar por los ducados que le quedaban.

Así que habían andado unos doscientos pasos, entraron en una especie de caballeriza a la que daban luz dos grandes candiles que pendían de la bóveda. Se veía en ella una buena provisión de paja y muchos sacos atestados de cebada. Aunque podrían caber unos veinte caballos, a la sazón no había sino los de los dos hombres que acababan de llegar.

¡Prisionero!

Saliendo de la caballeriza llevaron los dos hombres a Gil Blas a la cocina, donde no faltaba utensilio alguno, y donde estaba preparando la cena una vieja, la más horrible que pueda imaginarse.

Sus blancos cabellos conservaban algunas manchas de su primitivo color rojizo; sus ojos estaban tan encarnados que parecían dos tomates maduros; su barba era puntiaguda, y su nariz tan larga y encorvada que casi llegaba a besar la boca con la punta.

—Señora Leonarda—dijo uno de los hombres a aquel ángel de las tinieblas—, mire qué mocito le traemos.

grupa: (croup, hindquarters)

trampa: puerta abierta en el suelo
enramada: cubierta con ramas de los árboles
resbalar: escurrir (slide)

ratonera: trampa para coger ratones

caballeriza: establo para caballos
candiles: lámparas
bóveda: techo de la cueva
cebada: (barley)

rojizo: (reddish)
encarnados: rojos
puntiaguda: (pointed)

tinieblas: oscuridad

Y volviéndose después a Gil Blas y viéndolo todavía
tan pálido y lleno de susto, le dijo:

—Vuelve en ti y no tengas miedo, que no queremos
hacerte ningún mal. Nos hacía falta un mozo que
aliviase en algo nuestra pobre cocinera y hemos tenido   aliviase: ayudara
la fortuna de encontrarte a ti. Verdad es que no vol-
verás a ver más la luz del sol; pero, en recompensa,
comerás bien, y tendrás siempre buena lumbre.
Pasarás la vida en compañía de Leonarda, que es
buena y amable. Y para que veas que no vienes a vivir
entre pordioseros, sígueme y abre bien los ojos.   pordioseros: mendigos; los
                                                            que piden limosna
Acto seguido, tomando una luz, el más viejo de los
ladrones—pues no hay para que decir que aquello no
era sino una cueva de bandoleros—condujo a Gil Blas
a una gran bodega, donde había una infinidad de   bodega: lugar donde se
botellas de vinos exquisitos.   guarda el vino

Y le hizo pasar después por muchas estancias, unas
atestadas de piezas de lienzo, y otras de ricos paños y   lienzo: linens
de telas de luna y de seda. En otra sala vieron los
asombrados ojos de Gil Blas plata y oro y mucha
vajilla marcada con diferentes escudos de armas.   vajilla: (table service)

La historia del escondrijo

Después de ver tanta magnificencia, Gil Blas fue
llevado a una gran sala alumbrada por tres grandes
arañas de metal.   arañas: lámparas colgantes

Allí el desconocido más viejo preguntó al mozo
cómo se llamaba y quién era y por qué había salido de
Oviedo. Y así que él se lo hubo contado todo, el
desconocido le dijo:

—Pues bien, Gil Blas; ya que saliste de tu patria
para probar fortuna puedes decir que tienes mucha
suerte al dar con nosotros. Aquí, como te he dicho,
vivirás en la abundancia; nadarás en oro y plata, y
estarás en completa seguridad. La entrada de este subterráneo sólo la conocemos yo y mis camaradas, y aunque cien veces vinieran a este bosque los que nos
persiguen, no darían con ella.

Cada vez más muerto que vivo, a pesar del suave
tono con que le hablaba el más viejo de los ladrones,

Gil Blas le preguntó cómo habían podido ellos hacer aquel pasadizo tan maravilloso.

pasadizo: corredor, túnel

—Has de saber—contestó el ladrón—que ésta no es obra nuestra sino de muchos siglos. Después de que los moros se apoderaron de Granada, de Aragón, y de casi toda España, los cristianos que no quisieron sujetarse a su yugo, huyeron, y se ocultaron en los bosques y en las más ásperas montañas. Unos vivían escondidos en cavernas y otros en subterráneos que ellos mismos fabricaron y de los cuales es uno éste que habitamos. Cuando fueron arrojados los infieles de España, estos escondrijos sirvieron de asilo a las gentes de nuestra profesión. La santa hermandad ha descubierto y destruido algunos; pero yo vivo en éste desde hace quince años, con toda mi cuadrilla. Me llamo el capitán Rolando, soy el jefe de la compañía y aquél que viste conmigo es uno de mis camaradas.

sujetarse a su yugo: estar bajo su poder

arrojados: echados

escondrijos: lugares para esconder u ocultar algo

El empleo de Gil Blas

Apenas había acabado el capitán de decir estas palabras, cuando apareció en la sala el teniente con otros cinco bandoleros.

Venían cargados de presa; traían dos enormes zurrones llenos de azúcar, canela, almendras, y pasas.

zurrones: (leather bags)

Celebraron mucho todos la rapiña, que había sido hecha a un especiero, y se dispusieron a cenar alegremente. Prepararon en la sala una gran mesa. A Gil Blas le enviaron a la cocina para que la vieja Leonarda le instruyera en su oficio.

rapiña: robo

especiero: el que vende especias (spices)

No hay para que decir que Gil Blas, de puro miedo, procuró llenar su cometido lo mejor que pudo. Todos quedaron muy contentos de la maña que su nuevo compañero se daba para servir la mesa.

cometido: deberes, (duty)

maña: (skill)

No obstante, a pesar de verse rodeado de tales riquezas, Gil Blas no pudo dormir aquella noche, pensando del medio de escapar pronto de la compañía de aquella gente tan poco honrada, y de volver a ver la luz del día.

La servidumbre de los ladrones se componía de la vieja Leonarda, un negro, viejo también, llamado Domingo, y ahora el pobre Gil Blas.

Gil Blas fingía delante de sus inesperados amos que estaba contento de su empleo, pero cuando estaba en la cocina con el negro y la vieja, vertía lágrimas amargas, y se negaba a tomar alimento.

vertía: (shed)

Ellos procuraban consolarle a su modo, diciéndole que en ninguna parte hallaría vida tan buena como aquélla.

El dormitorio de Gil Blas era una especie de covacha que servía de cementerio a los ladrones que morían de muerte natural y en el cual habían puesto al mozo un lecho que más parecía tumba que cama.

covacha: (vault)

Gil Blas intenta escaparse

Gil Blas hizo la gran resolución de escaparse, y cierta noche cuando supuso que Leonarda y Domingo estaban dormidos, se levantó de su inmundo lecho, cogió la linterna, salió de su covacha, y se encomendó a todos los santos del cielo.

inmundo lecho: (unearthly bed)
se encomendó: (he commanded his soul)

Cuando se acercaba a la trampa dio de narices con una reja de hierro que le cerraba el camino. Estaba examinando la cerradura y haciendo cuanto podía por forzarla, cuando de repente le aplicaron a las espaldas cinco o seis fuertes latigazos con un buen vergajo.

cerradura: (lock)

latigazos: (blows)
vergajo: (whip)

Gil Blas dio un grito que resonó en toda la caverna, y, al volverse, vio tras de sí al negro Domingo, en camisa, con una linterna sorda en una mano, y el vergajo en la otra.

—¡Hola, bribonzuelo!—dijo el negro—. ¿Conque querías escaparte? No, amiguito, no esperes sorprenderme. Has de saber que esa reja la encontrarás siempre cerrada y que aquí, cuando atrapamos a alguno como tú, le conservamos bien guardadito.

bribonzuelo: (big dunce)

En tanto, al grito dado por Gil Blas se habían despertado tres ladrones que, creyendo que llegaba la justicia, se levantaron y se vistieron rápido y llamaron precipitadamente a los otros.

precipitadamente: rápidamente

Todos se pusieron de pie, y, armados de espadas y carabinas, acudieron al lugar donde estaban Gil Blas y Domingo. Allí, al saber el motivo que les había

acudieron: se acercaron

despertado, su inquietud se convirtió en grandes carcajadas.

carcajadas: risas fuertes

—¿Cómo es eso, Gil Blas?—dijo el capitán—. ¿Tan pronto te has cansado de estar entre nosotros? Anda, vete a la cama, que por esta vez bastan los vergajazos que te regaló Domingo, pero si otra vez vuelves a intentar escaparte, ¡por San Bartolomé que te hemos de desollar vivo!

desollar: (to skin alive)

El plan de Gil Blas

Después de esto el capitán de los ladrones se retiró, con todos los otros ladrones, mientras el viejo Domingo se retiraba a su caballeriza muy satisfecho de su hazaña. Gil Blas se zambullía de nuevo en su cementerio-dormitorio y de nuevo volvía a suspirar y llorar.

hazaña: (deed)
zambullía: (slid)

Así, en los primeros días que pasó en la cueva, creyó Gil Blas que iba a morirse de melancolía; pero, al fin, su natural ladino le inspiró la idea de disimular, y se esforzó por parecer menos triste.

ladino: astucia

Aunque sin gana, empezó a cantar y ésto no sólo delante de los ladrones, sino también de Domingo y Leonarda. Todos creyeron que el pájaro se había acostumbrado a la jaula, y como les divertía tanto con sus chistes que el capitán llegó a decirle un día:

—Me alegro, Gil Blas, de que hayas desterrado la tristeza. Me gustan mucho tu genio y tu buen humor.

desterrado: (cast off)

Los demás ladrones le honraron también con mil alabanzas, y él entonces juzgó que había llegado una buena ocasión para lograr algo de lo que se proponía.

juzgó: decidió

—Señores—dijo a los ladrones—, a decir la verdad, desde que estoy entre ustedes me parezco otro. Insensiblemente me he ido acomodando a su modo de vivir y tomando el gusto a su honrada profesión. Y por lo mismo no puedo conformarme con ser su criado. Lo que yo quisiera sería merecer el honor de ser uno de sus compañeros y tomar parte en sus gloriosas proezas.

proezas: hazañas (deeds)

Lo que Gil Blas quería, era, siendo ladrón, tener libertad de salir con los demás y poder hallar ocasión de escaparse de ellos.

taba examinando la cerradura y haciendo cuanto podía por forzarla,
ando de repente le aplicaron a las espaldas cinco o seis fuertes
gazos con un buen vergajo."

Gil Blas se hace ladrón

Pero los ladrones convinieron en que era preciso que les sirviera todavía algún tiempo como criado, y que sólo después de haber probado bien su vocación, se le concedería honorífico cargo de ladrón a que aspiraba.

Al fin, al cabo de seis meses que a Gil Blas le parecieron seiscientos siglos, el capitán Rolando dijo un día a sus compañeros:

—Señores, es preciso cumplir la palabra que dimos al pobre Gil Blas. Creo que en él tendremos un compañero de mucho provecho. Soy del parecer de que mañana le llevemos con nosotros para que empiece a coger la gloria que le aguarda en los caminos reales.

Todos estuvieron muy conformes con lo que el capitán proponía, y, para mostrar a Gil Blas que desde aquel momento le miraban como a un compañero, le dispensaron de servirles a la mesa. También le quitaron el traje usado que llevaba y le vistieron de un magnífico traje del último gran señor a quien habían robado. Después de esto Gil Blas de Santillana se dispuso a hacer su primera campaña.

Hacia el fin de una noche de septiembre salió Gil Blas por primera vez del subterráneo con los ladrones.

Iba armado, como los demás, con carabina, pistolas, espada, y una bayoneta. Montaba un buen caballo que le habían quitado al mismo caballero de quien eran las ropas de que Gil Blas se vestía.

Como había estado tanto tiempo en la oscuridad, al amanecer nuestro licenciado no podía sufrir la luz. Pero luego, poco a poco, se fueron acostumbrando sus ojos a tolerarla.

licenciado: abogado, estudiante de las leyes

El primer robo

Sucedió que aquel día no empezó con fortuna para los ladrones, y Gil Blas no halló ocasión de lucirse . . . ni de escaparse, por lo tanto.

Pasaron la mayor parte del día inactivos en el bosque, y se disponían a volverse, muy malhumorados, al subterráneo, cuando descubrieron a lo lejos un coche tirado por cuatro mulas.

malhumorados: de mal humor

Lo acompañaban tres hombres a caballo, que parecían ir bien armados. El capitán Rolando mandó hacer alto a sus hombres para tratar de lo que se iba a hacer, y la resolución fue que se atacase.

Se pusieron todos en orden, según la disposición del capitán, y marcharon en orden de batalla acercándose al coche.

El pobre Gil Blas, que se hallaba al frente, entre el capitán y el teniente, sentía todo su cuerpo bañado en sudor frío, y temblaba violentamente. Lo que debió ser notado por el capitán Rolando, pues, con ojos torvos y voz bronca, dijo al muchacho:

ojos torvos y voz bronca: (stern look and harsh voice)

—Oye, Gil Blas: trata de hacer tu deber, pues si te acobardas, de un pistoletazo te levanto la tapa de los sesos.

pistoletazo: (pistol shot)
sesos: (brains)

Con el cual el pobre Gil Blas, que estaba medio muerto de miedo, no le quedó otro recurso que encomendar su alma a Dios.

En tanto, se acercaban el coche y los caballeros. Los tres y el cochero traían armas y al ver a los bandoleros y conocerlos por tales se detuvieron, preparándose a la defensa.

Aunque sólo eran cuatro contra nueve, se arrojaron sobre los bandidos con inusitado valor. Se armó allí una batalla feroz. Temblando como un azogado, Gil Blas, a quien el capitán obligó a disparar, cerró los ojos y disparó al aire.

como un azogado: con violencia

Una bella dama

Todo fue en torno del infeliz estudiante confusión y muerte y, al fin, después de un gran ruido de mosquetazos y carabinazos, oyó gritar a sus compañeros:

—¡Victoria! ¡Victoria!

Estaban tendidos en el campo los cadáveres de los cuatro hombres que iban a caballo. De los ladrones sólo había muerto uno en la refriega, y el teniente estaba levemente herido en un brazo.

refriega: batalla

Ganada así la batalla, el capitán Rolando corrió a la portezuela del coche, donde vio a una dama, la más hermosa que pueda imaginarse, aun en el triste estado en que se hallaba, pues se había desmayado durante la refriega y aun no había vuelto en sí.

portezuela: ventana
desmayado: (fainted)

En tanto, los ladrones se apoderaron del botín consistente en los tres caballos de los muertos, las mulas del coche, los ricos vestidos de los caballeros, y varios cofres muy cargados que iban en el carruaje.

Como la dama no acababa de recobrar el sentido, el capitán ordenó que se la sacase del coche y se la pusiera a caballo con uno de los ladrones mejor montados. Así volvieron a la cueva.

Llegaron los ladrones a su escondrijo una hora después de anochecido,y tuvieron que ocuparse ellos mismos de meter los caballos y las mulas en la caballeriza y cuidar de ellos, pues el negro Domingo llevaba tres días en cama con un fuerte ataque de reumatismo.

Se ocuparon después de atender a la señora, y tan buena maña se dieron en ello, que la desgraciada dama volvió en sí de su desmayo.

Alabanzas para Gil Blas

No hay para que decir el horror que se apoderaría de la dama al verse en una cueva y rodeada de ladrones. Tan grande fue su susto que volvió a desmayarse.

El capitán ordenó que la llevasen a la cama de Leonarda y la 'dejasen allí, sola con su pena. Hecho esto, y después de haber curado el brazo del teniente, los ladrones fueron a ver lo que había en los cofres.

Algunos estaban llenos de telas y encajes, otros de vestidos, y el último repleto de talegos de doblones cuya vista regocijó grandemente a los bandoleros que se fueron a cenar de la mejor gana.

talegos: (bags)

regocijó: hizo alegres

Durante la cena comentaban su acción, y el capitán Rolando dijo a Gil Blas:

—Confiesa, Gil Blas, que has pasado un gran susto.

—No lo puedo negar — replicó el mozo—; pero déjenme hacer dos o tres campañas como ésta y ya verán si sé pelear como un Cid.

Todos los ladrones convinieron diciendo:

—Se debe perdonar su temor, pues la acción fue muy reñida y para un mozo que en su vida había visto disparar un tiro, no lo ha hecho del todo mal.

Pero estos halagos no satisfacían al pobre Gil Blas, quien sólo pensaba en la triste suerte que aguardaba a aquella hermosa dama cuya belleza y cuya pena conmovían profundamente su alma. No dudaba que era persona de distinción.

Gil pensó en los medios de librarla del peligro que la amenazaba, y de fugarse él mismo de la maldita cueva.

Gil Blas finge una enfermedad

Gil Blas recordó que el negro Domingo no podía moverse a causa· de su reumatismo y que la cocinera Leonarda tenía la llave de la reja, y esto fue bastante para inspirarle un arriesgado proyecto.

Antes del amanecer, empezó Gil Blas a lanzar ayes y quejidos que pusieron en conmoción toda la cueva. Sus compañeros se despertaron, acudieron a su cuarto, y le preguntaron qué tenía.

—Estoy padeciendo un horrible cólico. ¡Ay, ay!— gritaba el mozo.

Y tan bien representaba su papel, que, para que lo creyesen mejor, apretaba los dientes, hacía gestos y contorsiones espantosas, se revolcaba en la cama, y se mordía las manos.

Los ladrones, a pesar de ser tan ladinos y astutos, se dejaron engañar por aquel consumado cómico, y creyeron que, en efecto, padecía violentísimos dolores, y se dieron la mayor a socorrerle. Uno le llevó una botella de aguardiente y se dieron la mayor prisa a socorrerle, hicieron tanto por aliviarle y le mortificaron tanto que el falso paciente tuvo que declarar que ya no sentía retortijones y, por lo tanto, no necesitaba remedios.

Esto duró tres horas y al acercarse el día, los ladrones empezaron a prepararse para ir a una aldea cercana llamada Mansilla, donde pensaban vender los caballos robados. Gil Blas manifestó gran deseo de acompañarlos, y para que le creyesen, trató de levantarse, pero ellos no se lo consintieron.

—No, no, Gil Blas—le dijo el capitán Rolando;

arriesgado: atrevido (audacious)
ayes: gritos
quejidos: quejas

apretaba: (gritted)
revolcaba: (tossed and turned)

socorrerle: ayudarle
aguardiente: (whiskey)

retortijones: dolores

quédate aquí, pues pudiera repetirte el cólico; otra vez vendrás con nosotros, pues hoy no estás en estado de hacerlo.

Gil Blas se mostró muy disgustado por tener que quedarse, y tan bien fingió, que nadie sospechó su intento.

¡La llave!

Cuando los ladrones se fueron, Gil Blas se levantó apresuradamente, se vistió, tomó la espada y las pistolas que había llevado en la refriega, y se fue derecho a la cocina.

apresuradamente: rápidamente

Antes de entrar en ella, se detuvo a la puerta para escuchar lo que dentro pasaba. Vuelta de su desmayo, la dama lloraba y se lamentaba amargamente, mientras Leonarda, la maldita vieja, le decía:

—¿Por qué lloras, hija mía? Nada tienes que temer. Los ladrones que viven aquí son personas muy decentes que te tratarán con todo miramiento, como a una princesa. ¡Oh, cuántas mujeres envidiarían tu fortuna si la supieran!

Pero Gil Blas no le dio tiempo a que dijera más. Entró en la cocina con gran intrepidez, y, poniéndole una pistola en el pecho, la amenazó con quitarle en aquel momento la vida si no le entregaba prontamente la llave de la reja.

con gran intrepidez: (bravely)

Leonarda quiso replicar, pero al ver lo bien armado que iba Gil Blas, y al leer en sus ojos la firme resolución por él tomada, no tuvo otro remedio que sacar la llave de la faltriquera y dársela al mozo.

A la vez, tuvo la llave en la mano, Gil Blas se volvió a la bella y asustadísima dama, y le habló de este modo:

asustadísima: muy sorprendida

—Señora, el Cielo le ha enviado un libertador; sígame Ud. y yo la pondré a salvo.

Y tanto verdad se leía en sus palabras y en sus ojos, que la dama se echó a sus pies bendiciéndole y declarando que iría adónde él la llevara.

Gil Blas la alzó del suelo, y tomando unas cuerdas que halló en la cocina, y, ayudado por la dama, ató a

Leonarda a una gran mesa, amenazándola con quitarle la vida en cuanto diese el menor grito.

El escape

Entonces Gil Blas encendió una vela, y, acompañado de la señora desconocida, pasó al cuarto donde los ladrones guardaban las monedas y las alhajas de oro y de plata. Se llenó los bolsillos de cuantos doblones pudieron caber en ellos, y, para obligar a la dama a que hiciese otro tanto, le dijo, como era la verdad, que no hacía con ello más que recobrar lo que era suyo.

Sacaron después dos caballos de la caballeriza, a lo que el negro Domingo, por estar baldado con la gota, no pudo oponerse. Después emprendieron el camino que conducía a la salida de la cueva, abrieron la reja, y llegaron a la trampa que cubría la entrada. No poco trabajo les costó levantarla.

emprendieron: empezaron

Rayaba ya el día cuando se vieron fuera de la cueva, y a galope salieron del bosque. Lejos ya de aquel lugar donde tanto habían sufrido, Gil Blas contó a la dama su historia y ella, a su vez, le refirió la suya. Le dijo que, aunque tan joven, era ya viuda, que se llamaba doña Mencía de Mosquera, y que poseía en Burgos muy ricos bienes.

Así, en esta plática, llegaron a Astorga, donde la dama encontró unos parientes, que, inquietos por su suerte después de la muerte de sus acompañantes, la buscaban por todas partes, y se la llevaron con ellos.

Muy cariñosa y agradecida se despidió la dama de Gil Blas, reiterándole mucho que si algún día iba a Burgos, o necesitaba alguna cosa, no dejase de recurrir a ella.

Rico de nuevo

También esta vez duró poco a Gil Blas el caudal que llevaba en la faltriquera. Resultó que, como el traje que llevaba puesto había sido robado por los ladrones a un caballero de Astorga, el caballero, cuando le vio en la calle, le denunció a la policía e hizo que le quitasen la ropa y le metiesen en la cárcel.

Con la ropa se fue tambjén el dinero, y aunque Gil
Blas probó su inocencia contando su historia y diciendo como él no era sino una víctima más de los
bandoleros, cuando salió de la cárcel iba vestido de
harapos y sin tener un centavo.

En tan triste situación Gil Blas recordó el ofreci-
miento de doña Mencía y se dirigió a Burgos, adonde,
con la caminata y las penalidades del camino, llegó
todavía más derrotado, famélico, y triste.

famélico: con hambre

Después de mucho rodar, medio muerto de hambre,
llegó al convento en que estaba recogida—pues era
muy piadosa—doña Mencía de Mosquera. La dama
apenas pudo reconocerle, y, en reconociéndole, se
mostró muy triste al verle en aquel estado.

Una vez Gil Blas le hubo contado su última aventura, con la estancia en la cárcel y la pérdida de traje
y caudales, doña Mencía sacó de la faltriquera un
bolsillo y se lo tiró por la reja del locutorio, adonde lo
pudiese alcanzar, diciendo:

reja: (grating)
locutorio: (place in the convent for receiving visitors)

—Toma, Gil Blas, esos cien ducados, sólo para que
te vistas, y después, vuelve a verme, que no quiero
que se limite mi agradecimiento a cosa tan corta.

Gil Blas le dio mil gracias y se echó a buscar por
todo Burgos mesón en que, sin reparar en su mala
apariencia, le quisieran dar alojamiento.

Una decisión importante

Al fin Gil Blas halló un mesón en que el mesonero,
que se llamaba Majuelo y era un grandísimo burlón,
examinando al mozo de pies a cabeza, le dijo con
cierto aire malicioso:

—Bien se ve, señor, que Ud. hará en mi casa mucho
gasto, pues entre los remiendos de su vestido, adi-
vínase un no sé qué de gran caballero.

remiendos: (patches)

Gil Blas que, como sabemos, era algo vanidoso, se
lastimó al oír aquellas palabras, y sacando el bolsillo
que le había dado doña Mencía, empezó a contar en-
cima de la mesa los ducados.

Esto, sin duda, hizo formar mejor juicio de su
huésped al burlón del mesonero, que se ofreció, según

el deseo de Gil Blas, a buscar al día siguiente un prendero que le proporcionara adecuados y bellos vestidos.

En toda la noche no pudo dormir Gil Blas sólo con pensar en el vestido que había de comprar y vestir al día siguiente.

—¿Qué haré?—pensaba.— ¿Seguiré el deseo de mi tío de comprar unos hábitos largos para ir a ser cura en Salamanca? Pero ¿a qué fin vestirme de estudiante, si no tengo deseos de consagrarme al estudio eclesiástico? ¡Nada, nada de eso! Quiero ceñir espada, y ver tierras y hacer fortuna en el mundo.

ceñir espada: (gird a sword)

Resolvió, pues, vestirse de caballero, y, apenas fue de día, saltó de la cama, llamó a los criados que estaban todavía durmiendo y que contestaron a sus voces echándole mil maldiciones, y les dio orden de que fueran a buscar al prendero.

No tardó en presentarse un prendero acompañado de dos mozos cargados cada uno con un gran envoltorio. El prendero le enseñó a Gil Blas muchos vestidos de todos géneros y colores. Gil Blas despreció por humildes todos los de paños lisos y hechuras sencillas.

Gil Blas se viste de caballero

Al fin el prendero le enseñó a Gil Blas un vestido que le deslumbró y que, a pesar de estar un poquito usado, parecía hecho para él. Se componía de una ropilla, unos calzones, y una capa. Todo era de terciopelo azul bordado de plata, y Gil Blas tuvo que pagar sesenta ducados por él.

ropilla: (short jacket)
terciopelo: (velvet)

Más tarde por la mañana fue a las tiendas y compró pañuelo, sombrero, medias de seda, zapatos, y una espada. Empleó en ello todo el dinero que le quedaba en la bolsa pero tuvo gran gozo al verse tan bien equipado.

Aquella tarde fue a visitar a doña Mencía de nuevo, y la dama volvió a recibirle con el mismo agasajo, recordando el gran servicio que le había hecho sacándola de la cueva de los ladrones.

Después, deseándole gran prosperidad, se despidió de él, regalándole sólo una sortija de treinta doblones, y rogándole que la conservase siempre en recuerdo suyo.

sortija: (ring)

Gil Blas se quedó frío con aquel regalo, pues aguardaba mucho más, y, como había gastado todo el dinero en vestirse, volvió al mesón algo cariacontecido. Pero apenas había llegado cuando entró un hombre que, desembozando la capa, mostró un talego muy grande que llevaba debajo del brazo.

cariacontecido: (crestfallen)

desembozando: abriendo

Como el talego parecía lleno de dinero, Gil Blas abrió unos ojos grandes y lo mismo las personas que estaban con él. La voz de un serafín le pareció al mozo la del recién llegado, cuando le oyó decir:

—Señor Gil Blas de Santillana, mi señora la marquesa suplica a usted que se sirva aceptar esta insignificancia en prueba de su agradecimiento.

En busca de un criado

Gil Blas hizo mil agasajos al portador y apenas había salido éste del mesón cuando el mozo se echó sobre el talego como un gavilán sobre su presa. Desatándolo se encontró que contenía mil ducados de plata. Al verlos el mesonero gritó:

agasajos: agradecimientos

gavilán: (hawk)

—¡Cuánta plata! Usted no puede quejarse de su suerte, pues apenas hace veinticuatro horas que está en Burgos, y ya goza de tal favor con las damas.

A esto Gil Blas, muy complacido, contó al mesonero y a todos los presentes la aventura de los ladrones y la de doña Mencía de Mosquera.

A la mañana siguiente, Gil Blas, otra vez rico y bien vestido, decidió partir para Valladolid. Apenas lo hubo dicho al mesonero, cuando el astuto Majuelo, inclinándose en reverencia profunda, le dijo:

—Señor, un caballero de sus prendas no debe parar hasta llegar a Madrid y presentarse en la corte con todos los honores que merece. Los grandes deben presentarse con ostentación y portarse como conviene a su grandeza. Yo me permito recomendarle que se haga acompañar por un criado fiel y discreto que puedo yo mismo proporcionarle y que le aconsejará en todas las circunstancias de la vida, pues ha servido siempre con duques y marqueses y personas muy principales.

Gil Blas aceptó con entusiasmo la proposición, y partió para Valladolid en compañía del criado recomendado por el mesonero, un sujeto de unos treinta años que dijo llamarse Ambrosio Lamela y que, al contrario de casi todos los criados, no se mostró exigente en el precio.

La prima de doña Mencía de Mosquera

Al llegar a Valladolid estaba Gil Blas tan rendido, que, sin desnudarse, se echó en la cama y se quedó dormido profundamente. Era ya casi de noche cuando se despertó. Llamó a Ambrosio pero él no estaba. Al cabo de un largo rato apareció en el mesón, muy compungido y diciendo que había estado todo aquel tiempo en la iglesia, devoción que Gil Blas no pudo por menos de alabarle.

compungido: (remorseful)

Casi al mismo tiempo entró en el cuarto que ocupaba Gil Blas el mesonero llevando en la mano una hacha encendida con la que alumbraba a una dama ricamente vestida. Le daba el brazo un escudero, y la seguía un morito llevándole la cola del vestido.

hacha: (torch)

La dama hizo una graciosa reverencia y preguntó al mozo:

—¿Por ventura es usted el señor Gil Blas de Santillana?

Muy asombrado el joven respondió que sí, y entonces la dama fue a darle un abrazo, con grandes muestras de alborozo y alegría.

—¡Mil veces bendito sea el Cielo por tan dichoso encuentro!—exclamó. —A usted, caballero, venía yo buscando.

Gil Blas, que empezaba a ser un poco listo, recordó al petardista de Peñaflor y estaba a punto de creer que aquella dama era embustera cuando le tranquilizaron las siguientes palabras de la señora:

—Yo soy prima de doña Mencía de Mosquera, que le debe a usted tantos favores. Hoy mismo he recibido carta de ella en la que me anuncia su viaje a la corte, y me encarga que le trate bien. Hace dos horas que voy de mesón en mesón preguntando por todos los viajeros, y por las señas que este hombre me dio, comprendí que usted debe ser el libertador de mi prima.

La cena con la prima

—Ya que he tenido el placer de encontrarle a usted — continuó la dama — quiero que venga a mi casa, donde estará menos mal que en un mesón. Porque ha de saber que yo me intereso mucho por los beneficios que se hacen a mi familia, y, en particular, a mi querida Mencía.

A la puerta del mesón aguardaba un coche, al que subieron la dama, Gil Blas, su criado, el escudero, y el morito, con lo que el mesonero quedó muy triste, pues ya había imaginado que iba a alojar en su casa toda aquella tropa.

Doña Camila, que así dijo llamarse la prima de doña Mencía, condujo a Gil Blas a su casa, y allí, en una sala muy bien adornada e iluminada con veinte o treinta bujías, le presentó a un caballero que dijo ser su hermano don Rafael, y que también se mostró muy agradecido por el comportamiento de Gil Blas con doña Mencía.

bujías: (candlesticks)

Hermano y hermana se desvivían por atender al mozo y, durante la cena, le servían generosamente de lo mejor que había en la mesa. Don Rafael brindaba a menudo a la salud de doña Mencía, y Gil Blas le correspondía del mismo modo.

Mientras tanto, doña Camila dirigió frecuentes y tiernas miradas al mozo, que no dudó de haber herido con su buena presencia el corazón de la dama.

Terminada la cena, don Rafael salió de la sala para ir a ordenar los arreglos en el cuarto que debía ocupar Gil Blas, y el joven quedó solo con la dama. Ella tomó la mano de Gil Blas y mirando con atención la sortija, regalo de doña Mencía, dijo:

—Parece lindo este diamante, pero es pequeñito. ¿Entiende usted de pedrería?

pedrería: (precious stones)

Un cambio de anillos

Gil Blas respondió que no entendía de pedrería.

—Lo siento,—contestó doña Camila—, porque si entendiera, me diría cuánto vale esta piedra.

Diciendo esto, le mostró un anillo con un grueso rubí que llevaba en el dedo.

—Me lo regaló un tío mío que fue gobernador de Filipinas—continuó ella—y los joyeros de Valladolid lo aprecian en trescientos doblones.

—Lo creo—repuso Gil Blas, queriendo dárselas de entendido—porque es primoroso.

—¿Le gusta?—preguntó la dama—. Pues quiero entonces que hagamos un cambio.

Y diciendo y haciendo, cambió la sortija del brillante que la marquesa había dado a Gil Blas por la del rubí que, quiera o no, puso a Gil Blas en el dedo. *brillante: diamante*

Pasaron así varias horas en dulces pláticas, y cuando llegó la hora de irse a dormir, Gil Blas estaba muy gozoso. Miraba la maleta, que tenía sobre la mesa y que guardaba toda su fortuna, y palpando el rubí, pensaba: *palpando: tocando*

—¡Gracias a Dios, he dejado de ser un mísero estudiante para convertirme en un gran señor! Con mil ducados en la maleta, una sortija de trescientos doblones en el dedo, un traje primoroso, y el amor de una gran dama como doña Camila, no cambiaría mi suerte por la de un príncipe.

Y con estos halagüeños pensamientos, se metió en la cama y se quedó dormido. *halagüeños: (alluring)*

El desengaño

Cuando Gil Blas se despertó, comprendió que debía de ser muy tarde, y le extrañó que su criado Ambrosio no le hubiera despertado. Le llamó a grandes voces, pero el criado no compareció. Entonces el mozo se levantó y, viendo que la maleta con los mil doblones había desaparecido, sospechó que había sido robado durante la noche.

Salió del cuarto y empezó a dar gritos llamando a
Ambrosio, a don Rafael, y a doña Camila, pero no
compareció ninguno de ellos, sino un viejecillo que
dijo a Gil Blas:

—¿Por qué grita Ud. tanto? ¿Qué quiere Ud.?
Todos sus criados han salido de mi casa antes del
amanecer.

—¿De su casa?—respondió Gil Blas—. Pues, ¿no
es ésta la casa de don Rafael?

—Esta es una casa de huéspedes de la que yo soy
dueño—dijo el viejo—. Una hora antes de que Ud.
llegara, la señora con quien Ud. cenó anoche vino a
pedirme un cuarto para un caballero muy principal
que viajaba de incógnito. Yo le di éste, pues me lo
pagó por adelantado.

Entonces Gil Blas comprendió que las imprudentes
palabras con que contara al mesonero Majuelo, de
Burgos, su aventura con doña Mencía, la marquesa,
y la generosidad de la dama, habían inspirado al
astuto Majuelo la idea de hacerle acompañar por
Ambrosio. Este Ambrosio era un truhán compinche *un truhán compinche:
(a co-worker in iniquity)*
del mesonero, quien, al llegar a Valladolid, fue a avi-
sar a aquel par de comediantes para que se fingieran
ser primos de doña Mencía.

Así, entre todos juntos, despojaron al incauto mozo *despojaron: quitaron
incauto: (unsuspecting)*
de sus bienes.

Un antiguo amigo

Gil Blas, en vez de echar la culpa de su infortunio
a su indiscreción, se quejó de su mala fortuna, y mal-
dijo mil veces su suerte.

Y así Gil Blas perdió de nuevo su caudal. Porque
al ir a que un joyero le tasara el famoso rubí de doña *tasara: (appraise)*
Camila, se enteró de que apenas valía tres ducados;
con lo que el estudiante de Oviedo mandó a todos los
diablos al gobernador de Filipinas y a su astuta so-
brina.

Gil Blas salía precisamente, ciego de ira, de casa del
joyero, cuando tropezó con un mozo que se detuvo a
mirarle y al que de pronto no reconoció.

—¿Es que no me conoces, Gil Blas, o es porque vas vestido a lo príncipe finges no conocerme? ¿Me ha mudado tanto el tiempo en dos años para que no conozcas al hijo del barbero Núñez? ¡Acuérdate de Fabricio, tu paisano y condiscípulo de lógica, con el que tanto has discutido en casa del doctor Godínez!

mudado: cambiado

Entonces Gil Blas reconoció a su amigo y le abrazó estrechamente, y hasta llegó, con la alegría, a olvidarse de sus desdichas por un momento. Fabricio no se cansaba de contemplarle y de admirar su buena presencia.

—¡Bella espada—dijo—, medias de seda, calzón y vestido de terciopelo con bordado de plata! Dime, dime, ¿cómo hiciste fortuna para vestirte de tan primorosa manera?

Gil Blas le explicó detenidamente todas sus aventuras y las mudanzas de la fortuna que con tanta facilidad le daba la suerte como se la quitaba.

detenidamente: con detalle

Gil Blas busca un amo

—¿Y ahora qué piensas hacer?— preguntó Fabricio a Gil Blas, después de haberse reído mucho de la burla que últimamente le habían hecho.

—Volveré a mis primeros pensamientos—respondió Gil Blas—. Trocaré mi vestido bordado por unas bayetas, me iré a Salamanca, me matricularé en la Universidad, y me meteré a preceptor.

trocaré: cambiaré
bayetas: (student's gown)

preceptor: persona que
   enseña

—¡Gran idea!—exclamó Fabricio haciendo extremados aspavientos de disgusto—. ¡Vaya un porvenir el de metetse a pedante por todo lo que te queda de la vida! Mejor harías en meterte a criado, que es oficio más provechoso y menos comprometido. Créeme, Gil Blas; haz lo que yo. Olvida los estudios y busca un buen amo, que no hay otro oficio más rico.

aspavientos:
   demonstraciones

Convencido Gil Blas por su amigo, dejó que éste, que para sí mismo se había dado muy buena maña a encontrar colocación, le buscara un amo.

Gil Blas sirvió primero a un canónigo, y ése fue un buen empleo, pero el sacerdote era anciano y estaba en manos del doctor Sangredo, afamado médico, y murió poco después.

El mozo estaba, pues, de nuevo, en la calle y en busca de colocación cuando un día se dio de manos a boca con el citado doctor Sangredo.

se dio de manos a boca con: se encontró con

—Hijo mío—le dijo, con mucha alegría—, ahora mismo iba pensando en ti. Necesito un criado y creo que tú eres el que me conviene con tal de que sepas leer y escribir.

—Como no pida Ud. más—replicó el mozo—delo por hecho.

—Pues siendo así—dijo el médico—vente conmigo, porque tú eres el hombre que yo busco.

El ayudante

—En mi casa — continuó el médico Sangredo—lo pasarás alegremente; te trataré con distinción; no te señalaré salario, pero nada te faltará. Cuidaré de vestirte siempre con elegancia y te enseñaré el importantísimo secreto de curar toda clase de enfermedades. En una palabra, más que criado, serás mi discípulo.

Gil Blas aceptó la proposición del doctor Sangredo con verdadero entusiasmo, pues tenía la esperanza de salir hecho un célebre médico bajo la dirección de tan buen maestro.

El oficio que tenía que hacer en casa del célebre doctor era el de escribir el nombre, la calle, y la casa donde vivían los enfermos que le llamaban mientras él visitaba a otros pacientes, en un registro al que Gil Blas llamó "Registro mortuorio," pues observó que morían casi todos aquéllos cuyos nombres se apuntaban en él.

Aunque el trabajo no era difícil en casa del doctor, la comida era bastante escasa. La comida habitual consistía en garbanzos, habas y manzanas cocidas, pues decía el doctor que estos alimentos eran los más convenientes para el estómago.

Aun considerándolos así, no permitía a la criada ni a Gil Blas que comieran mucho de ellos, pero en recompensa de lo poco que comían, les permitía beber mucha agua.

A los ocho días de estar en aquella casa el pobre Gil

Blas se había puesto muy flaco, pero tanto empeño
tenía el mozo en llegar a ser médico, que esto sólo
bastaba para retenerle en aquella casa.

Había resuelto, no obstante, dejarla, pero un día el
doctor Sangredo le llamó para hablarle.

El nuevo médico de Valladolid

—Mira, hijo mío—dijo el doctor Sangredo a Gil
Blas—, estoy muy contento de ti y he resuelto hacerte
dichoso. Ahora mismo voy a descubrirte lo más sutil
del saludable arte que desde hace tantos años profeso.
Este es mi gran secreto: sangrías y agua caliente en
abundancia. No tengo más que enseñarte. Ya sabes
toda la medicina y si te aprovechas de esta enseñanza
serás tan gran médico como yo. En adelante puedes
ayudarme como discípulo. Por la mañana tendrás
cuenta del registro, y por la tarde visitarás a los en-
fermos. Yo atenderé a la nobleza y tú a los plebeyos, plebeyos: (common people)
y así que hayas ejercido algún tiempo, haré que te
admitan en nuestro gremio. gremio: (guild)

Gil Blas se puso muy contento con estas palabras,
y quitándose sus vestidos, se vistió como su amo, para
presentarse en traje de médico.

Durante la primera tarde en la cual ejercía su
nuevo oficio Gil Blas ganó doce reales, y en la calle se
encontró otra vez con su amigo Fabricio. El hijo del
barbero le miró atentamente y lanzó una carcajada,
diciéndole:

—¿Quién te ha disfrazado así?

—Poco a poco, Fabricio—contestó Gil Blas;—trata
con respeto a este nuevo médico. Has de saber que
estoy en camino a ser el médico más famoso de Valladolid. Tres semanas hace que estoy en casa de mi
amo, y en este breve tiempo me ha enseñado la
medicina.

Gil Blas le enseñó a su amigo los doce reales y los
dos fueron con aquel dinero a comer y a beber a un
figón, donde Gil Blas se desquitó con jamón y vino de
los ayunos que le había hecho pasar el doctor Sangredo.

FIN